LES TRUCS DU CHASSEUR

Les Trucs du Chasseur

Les Chiens
Le Fusil
Les Munitions

Gibier à poil
Gibier à plumes
Gibiers de choix

LES TRUCS

DU

CHASSEUR

PAR

S. MORIN

EDITIONS NILSSON

8, RUE HALÉVY, 8

PARIS

Les Trucs du Chasseur

Chasse à Tir, au Chien d'arrêt.

C'est la plus commune et la plus pratiquée avec la chasse au bois pour le petit gibier.

Bien que démocratisée et possédant de fort nombreux adeptes, elle a cependant ses finesses et ses secrets, et n'est pas bon chasseur qui veut, simplement parce qu'il est bon tireur.

Il faut, pour tenir une place honorable, et, à plus forte raison, brillante, dans ce sport, posséder des qualités acquises par l'expérience.

Le vieux chasseur sait « en remontrer » aux novices, il a ses « trucs » personnels, souvent bien simples, mais qui donnent toujours des résultats surprenants pour ceux qui ne sont pas initiés.

Au cours de ce livre, qui sera un peu un guide amical et une confession, nous montrerons la science du chasseur, nous dirons ses petites découvertes, ses clartés acquises au fur et à mesure, ses bons moyens et ses lois personnelles; tout ce qui fait de lui un « as » respectable.

Ce manuel d'utilité aura donc sa place entre toutes les mains des amateurs de plaisirs cynégétiques, il ne sera pas indifférent non plus aux habitués du fusil et de la proie à plumes ou à poils, car ils y feront certainement des découvertes qu'ils ne regretteront pas.

L'Équipement du Chasseur.

Le vêtement, d'abord.

Sans tomber dans une négligence de mauvais ton, nous ne conseillons pas au chasseur la tenue élégante, mais seulement celle, décente et confortable, qui rend l'exercice de la chasse facile et agréable, sans soucis comme sans gêne.

L'habit sera solide, commode, laissant toute liberté et aisance aux mouvements. L'étoffe n'en sera ni trop lourde ni trop chaude, ne poussant pas à la sudation rapide et désagréable.

La toile au temps chaud.

Le velours au temps frais.

La laine au temps froid.

Une vareuse serrée par une ceinture et garnie de poches bien établies. Pas de fioritures ni d'ornements, pas de bufflèterie martiale et ridicule. Le strict nécessaire.

Un pantalon serré dans des bandes molletières ou
de bons leggins, à moins que l'on possède des bottes
souples et sans lourdeur, ou de bonnes guêtres
hautes.

Comme chaussures, de bons souliers de marche,
cloutés autant que possible pour éviter les glissades,
et à semelles débordantes, à talons bien appuyés pour
que la marche ne soit point pénible.

Comme vêtement de dessous, choisissez de préférence et par tous les temps la flanelle, qui vous
garantira des refroidissements quand se produira
l'inévitable sudation provoquée par les efforts de la
marche et des poursuites à travers les terres et les
fossés.

Comme coiffure, un feutre ou une casquette ne ser-
rant pas la tête, la garantissant du froid à la mauvaise
saison et pouvant, au besoin, se rabattre en cache-
oreille, protégeant des traîtrises du soleil à la saison
meilleure et pouvant supporter un cache-nuque.

* * *

Deux bons trucs. — On recommande à tous les
chasseurs de graisser leurs chaussures pour les rendre imperméables. On leur dit qu'il existe pour
cela des produits spéciaux vendus dans le commerce...

« — Foin de toutes ces spécialités, dit un vieux
chasseur blanchi sous la bretelle; *graissez donc* simplement souliers et bottes *à l'huile de ricin*, et vous
m'en direz des nouvelles! »

Le même chasseur, rompu à tous les secrets, dit encore :

« En général, le jour de l'ouverture, il fait un temps superbe et l'on ne pense pas à l'humidité, du moins les novices et les inhabitués. Après une heure de marche dans les betteraves et les luzernes, on est trempé, les genoux mouillés, ce qui est non seulement désagréable, mais aussi dangereux. »

Ayez donc la précaution de passer sur votre tenue de chasse *une salopette imperméable* descendant jusqu'aux chevilles et serrée aux chevilles. Vous resterez au sec, et sous bois vous ne vous endommagerez point et n'hésiterez devant aucun exercice.

Autres trucs. — Délaissez la casquette, portez un feutre que vous aurez eu le soin de percer avec une épingle assez forte de multiples trous autour de la calotte. Vous ne serez jamais congestionné ni gêné, vous serez garanti du froid en rabattant les bords autour de votre tête, leur ombre portée vous garantira du soleil.

N'omettez pas un chandail de fine laine sous votre veston, l'hiver.

Le chandail n'a pas besoin d'être épais et de vous engoncer.

Choisissez une laine fine, douce, elle vous laissera libre de vos mouvements et la circulation se fera mieux, vous aurez plus chaud qu'avec un vêtement lourd, gênant, causant la sudation.

Au vêtement de velours, préférez le lainage à tissage serré.

Enfin, *ne vous embarrassez donc pas d'une pèlerine;* si commode que cela vous apparaisse pour les temps de pluie, c'est une erreur.

Tant que vous marchez, l'inconvénient est nul, mais si vous vous baissez, si vous passez sous bois, montez des talus le corps penché, escaladez des fossés, etc., vous livrant aux multiples exercices du chasseur, cette pèlerine qui flotte, qui pend, qui traîne, est devenue alors une gêne effroyable.

Prenez aussi des gants, non parce que vous craignez le froid, mais parce que les mains gantées empêchent la moiteur de se déposer sur le fusil qu'elle finit par oxyder à la longue.

Prenez donc de vieux gants de peau, larges, coupez-en les doigts, ne laissant que le corps du gant.

Ainsi vos doigts libres garderont leur agilité.

N'oubliez pas votre petite pharmacie de secours : coton hydrophile, teinture d'iode, permanganate de potasse, une pince pour pouvoir enlever les échardes ou les épines à vous ou à votre chien, taffetas d'Angleterre pour coller sur les plaies et les garantir des souillures.

Maintenant, parlons du carnier ou de la carnassière, comme vous voudrez.

Qu'ils ne soient ni trop grands ni trop petits et comportent deux poches, l'une pour le gibier à poils, l'autre pour le gibier à plumes.

Choisissez-lui des courroies plates avec des boucles pouvant s'ajuster à volonté sans fatiguer les épaules ni les reins.

Dans vos poches vastes, n'omettez pas de glisser la bonne pipe rustique de racine de bruyère, le tabac dans la blague de caoutchouc, le briquet à amadou qui se moque du vent et de la pluie!

Et maintenant, chasseur, bon vent!

Le Fusil.

Pour la chasse en plaine comme pour la chasse au bois, le Hammerless est le système idéal et doit être préféré au fusil à percussion centrale à chiens extérieurs.

Le Hammerless est toujours armé, il est commode et robuste.

Le chasseur devra choisir le fusil Hammerless, éjecteur Top lever, triple verrou; Hammerless avec platines latérales, à double sûreté;

Canons en acier demi-bloc étoffé à la culasse, au-dessus des chambres et dans les 25 centimètres qui suivent; longueur pour la chasse 70 centimètres.

Faites essai de l'arme lors de son acquisition.

Apprenez à monter et à démonter facilement les canons sur la bascule, à nettoyer les canons, à graisser le mécanisme. Laissez cependant à l'armurier le soin de démonter le mécanisme intérieur de la bascule, de percussion ou d'éjection.

La bascule doit être large, profonde, à coquille pleine, à une table plate aux angles arrondis, avec emplacement des platines de côté extérieurement.

L'extracteur permet d'extraire facilement, sans le secours d'aucun outil, la cartouche tirée.

Il la retire de la chambre du fusil par le mouvement de bascule du canon, le chasseur n'a qu'à la prendre à la main.

L'éjecteur produit l'expulsion automatique de la cartouche.

L'éjecteur automatique est le complément indispensable de tout bon fusil de chasse moderne.

Les systèmes les plus répandus et les meilleurs sont les Purdey, Holland et Holland, Decley.

Les meilleurs canons sont ceux d'acier. Méfiez-vous des canons dits d'acier et qui sont en fer, et ne choisissez qu'une bonne marque chez un armurier de confiance.

Les canons acier à assemblage demi-blocs sont ceux qu'il faut préférer.

Le garnissage des bandes à l'étain est préférable à celui aux bandes en cuivre.

Les canons longs sont ceux qui donnent les meilleurs résultats.

Les canons courts sont nettement à rejeter.

Calibre. — Le calibre 12 est celui qui convient le plus généralement à tous et à tout; on s'en trouve bien en plaine comme en bois, en marais.

Cependant le calibre 16, plus léger et à recul très

doux, donne aussi grande satisfaction pour les moyennes distances.

Le calibre 20 est excellent aux mains d'un très bon tireur. Cependant, pour la chasse au gros gibier et à grande distance, il est insuffisant.

Les calibres 24 et 28 conviennent aux dames et aux jeunes gens.

Dans les petits calibres, pour éviter les accidents, il convient d'employer de préférence la poudre à gros grains au lieu de la poudre à grains fins.

La Toilette du fusil. — Trucs pour le garder en parfait état.

Avec un linge chaud, séchez les coins et recoins du fusil, et, pour ce faire, pour ne laisser nulle part trace d'humidité, séparez le canon d'avec la crosse. Le linge chaud circulera partout, le long et autour des canons, opération identique pour la crosse.

Ensuite, une fois le fusil asséché, il faut le nettoyer au pétrole.

L'intérieur des canons est raclé à la baguette coiffée d'un chiffon imbibé de pétrole.

Les canons sont débarbouillés extérieurement au pétrole.

Le fusil est graissé avec un mélange de pétrole et lanoline.

Ne graissez jamais le bois de votre arme, par exemple, cela lui fait perdre son poli, son élasticité, sa solidité. *Passez-le donc simplement à l'encaustique.*

Le fusil net est remonté lustré à la lanoline ou à la vaseline mêlée d'un peu de pétrole.

Ne bouclez pas la bretelle, surtout si votre journée de chasse a été mouillée.

Mettez au ratelier.

Les Munitions.

La poudre. — Faites vos cartouches vous-même, ainsi vous serez sûr des fournitures et vous ferez des économies.

La poudre noire fine et forte est la plus communément employée.

Pour être certain de sa qualité, faites le petit essai suivant :

Disposez-en une petite quantité sur une feuille de papier blanc et faites-la brûler à l'abri de l'air. Si elle ne laisse que peu de traces : une tache légère, elle est bonne. Plus elle sera défectueuse plus la tache sera accentuée.

Garantissez bien votre poudre de l'humidité.

*
* *

Les douilles. — Choisissez des douilles de bonne qualité, ne regardez pas au prix et, surtout, veillez à ce que le carton en soit résistant et que le calibre soit uniforme.

Le plomb. — Le plomb le plus gros tue le plus souvent.

Choisissez du plomb différent selon le gibier et selon l'époque.

Pour l'ouverture, le 7 et le 8 seront employés de préférence.

Par les temps de vent, de pluie, de tempête, utilisez du 5, du 6.

Plus tard du 3, du 4.

Naturellement, vous savez que le plomb pour le gibier à plumes n'est pas toujours le même que pour le gibier à poils.

Nous déconseillons, toutefois, l'usage de grandes variétés qui imposent le transport de nombreuses cartouches et obligent le chasseur à en changer continuellement, ce qui ne peut que lui amener des ennuis.

Numéros de plombs à employer selon le gibier.

Pour le sanglier, chevrotines au 1er coup, balles au second.

Pour le cerf, la biche et l'aigle : chevrotines.

Le chevreuil, le busard ont besoin de n° 2 à 0.

Le canard et le renard, de plomb 3 à 2.

Le lièvre, le corbeau, le héron, la buse, la canepetière, du plomb 4 à 3.

Le petit lièvre, le faisan, le ramier, du plomb 5 à 4.

La sarcelle, du plomb 6 à 5.

La perdrix, du plomb 6 et 5.

Le lapin, le perdreau, du 7 et 6.

La bécasse, le râle, la poule d'eau, l'étourneau, du 8 et du 7.

La bécassine, la caille, la grive, le merle, le culblanc, le chevalier, du 9 et du 8.

Les alouettes, 9 et 10.

Les alouettes au miroir, du plomb 10.

Le becfigue, les ortolans, du plomb n° 12.

L'oie sauvage a besoin de 0 à 1.

Les plus petits grains ont, naturellement, les plus forts numéros.

———

Fabrication des Cartouches.

Quand on se sert de la poudre noire, pour fabriquer soi-même ses cartouches, une chargette soigneusement graduée est suffisante.

La cartouche chargée en poudre noire doit alors contenir quatre bourres : un carton mince bitumé, une bourre grasse, un mince carton blanc ; puis, sur le plomb, un carton mince sur lequel se fait le sertissage.

Quand on se sert de poudres pyroxylées, il faut peser soigneusement chaque charge et ne faire aucun bourrage.

On peut pourtant faire usage de la bourre perforée et de la douille Mangon qui donnent de bons résultats et écartent les dangers.

La poudre noire forte n° 4 est souvent dangereuse pour certains fusils.

Recommandation capitale : lisez attentivement les indications de chargement imprimées sur les boîtes de poudre.

Rappelez-vous également que : *pour les poudres noires, les vitesses initiales augmentent environ de 15 mètres lorsque l'on prend un numéro immédiatement supérieur.*

Pour les différentes poudres pyroxylées de l'État,

aucune précaution n'est superflue. Enfin souvenez-vous d'un vieux proverbe :

Peu de poudre, beaucoup de plomb
Amènent gibier à la maison.

C'est dans les vieux conseils que l'on trouve la prudence, la raison et bien des fois le secret de la réussite.

Mécanisme usuel de fabrication. — Dans une soucoupe, mettez les plombs ; dans deux petites boîtes séparées : les bourres, les feutres, les cartons.

Pesez, mesurez votre poudre.

Dans chaque douille, *debout*, disposez votre poudre.

Préparez ainsi douze douilles, disposez sur chaque charge de poudre le carton bitumé.

Couchez vos douilles.

Reprenez-les une à une, placez votre bourre grasse.

Redressez toutes vos douilles ainsi prêtes.

Mettez un mince carton et versez vos plombs, tassez-les régulièrement, raisonnablement, sans exagérer.

Sertissez immédiatement et fixez bien.

Une fois vos cartouches terminées, inscrivez immédiatement les numéros du plomb sur les cartons.

Mettez dans un endroit bien sec.

Vous pouvez graisser vos plombs pour leur donner un degré supérieur de pénétration dans l'air.

Les Accessoires du Chasseur.

Le protecteur auriculaire. — Les vibrations produites par les détonations du fusil de chasse causent, chez certaines personnes, des traumatismes véritablement désagréables et pénibles, qui peuvent même amener des troubles auditifs.

Si l'on est menacé de ces inconvénients, il faut se munir prudemment d'un protecteur auriculaire créé spécialement, facile à placer et à porter.

La bague protectrice. — C'est une bague de caoutchouc fort qui se place à l'indicateur, à la seconde phalange, main droite, et qui amortit les chocs et garantit des meurtrissures dues au recul du fusil.

La boîte nécessaire. — Le bon chasseur qui aime l'ordre devra se procurer, avant tout, le matériel *ad hoc* lui permettant le chargement de ses cartouches et le nettoyage de ses armes.

Il existe dans le commerce toute une série de boîtes nécessaires contenant les accessoires indispensables au chargement des cartouches et au chargement des fusils. Ces ustensiles évitent au novice la perte de temps et les ennuis d'achats inutiles et coûteux. Ils permettent au chasseur l'ordre et la méthode.

Sac cartouchière. — Il est préférable à la ceinture, car il tient les cartouches à l'abri de l'humidité.

Les Chiens.

Trucs de dressage du chien d'arrêt.

Pour chasser en plaine, il faut un chien d'arrêt bien éduqué et qui comprenne parfaitement le chasseur.

On peut apprendre à arrêter tout chien doué de dispositions suffisantes pour quêter à la recherche des perdrix, les éventer de loin avant de les faire lever et les poursuivre avec ardeur dès qu'elles ont pris leur vol.

Cependant, le meilleur chien d'arrêt est le pointer, de préférence au terrier et à l'épagneul.

Il ne faut jamais exercer le jeune chien au lièvre avant de l'avoir dressé à la perdrix.

Le meilleur mode de dressage consiste tout d'abord à *laisser le chien libre de battre le terrain à sa guise* et à son choix afin de lui laisser prendre l'allure. Il commencera à fixer son attention sur tous les oiseaux, mais, l'habitude venant, il ne tardera pas à dédaigner les inutilités pour ne s'occuper que du vrai gibier dont il s'apercevra avec intelligence qu'il a seul l'attention de son maître.

Pour apprendre au chien à se coucher au commandement et à ne point bouger jusqu'au moment où son maître le touche de la main et lui en donne l'ordre, *il est un bon moyen :* on attache au collier du chien une corde, longue de quinze à vingt mètres, l'autre extrémité de la corde étant arrêtée à un piquet fortement fiché en terre.

Le chien est laissé libre, il part, il court, surtout s'il est quelque peu craintif et effrayé; mais au bout de la corde il est arrêté tout net par le choc de l'attache.

Ramenez-le alors en arrière et faites-le coucher près du pied, en le secouant un peu rudement. Puis, à nouveau, laissez-le aller, sans lui parler.

Sa première impression sera de fuir. Il fuira donc, vous le laisserez faire. Au bout de la corde il s'arrêtera à nouveau. Vous le ramènerez au pieu, le ferez coucher par une secousse et vous éloignerez immédiatement sans lui parler.

Après avoir répété cette gymnastique dix à vingt fois, le jeune chien saura se coucher au commandement et y demeurer.

Faites alors tous vos efforts d'appels et de bruit pour le faire lever, et, dès qu'il bouge, faites-le recoucher.

En une demi-heure, avec un animal sensible et intelligent, vous pouvez obtenir ce résultat que rien ne puisse faire bouger le chien couché au commandement.

Pour ce dressage, il ne faut pas effrayer l'animal, mais faire emploi de patience et de douceur, car un

chien, si intelligent fût-il, dès qu'il prend crainte, ne
se couchera jamais bien.

Caressez le chien. Gardez-le à la corde et de temps
à autre commandez-lui : « couché ». Si la bête a com-
pris elle se couchera. Pour le rendre attentif au commandement et bien lui inculquer la manœuvre,
secouez la corde au moment de l'ordre : « couché ».
Ensuite, en entendant ce mot, mécaniquement le chien
obéira sans la moindre peine. Au bout de quelques
jours vous essayerez sans le piquet et sans la corde.

Pour commencer ces exercices, vous conduirez l'élève
dans un terrain sans gibier, vous l'encouragerez à
battre ce terrain et vous l'entraînerez à se coucher au
commandement et à ne se relever que lorsque vous
viendrez le toucher de la main.

Peu à peu vous pourrez dresser votre chien au
sifflet.

Si le chien s'éloigne trop et ne revient pas immédiatement à l'appel, allez rapidement à lui et obli-
gez-le à se coucher.

Il est nécessaire de toujours mener les jeunes chiens
à bon vent.

Si l'élève court contre le vent, sans battre le terrain,
commandez-lui de se coucher et retirez-le plus ou
moins en arrière avec la corde ou la laisse.

Ne soyez pas brutal avec le chien afin de ne pas le
rendre craintif et timide, difficile à conduire et porté
à abandonner son arrêt par peur du châtiment.

Enfin choisissez, pour donner les leçons à l'élève, un
beau temps. Les jeunes chiens exercés par pluie et
vent violent boudent à la besogne.

Pour la première journée d'exploits véritables, choisissez encore un beau temps.

Retirez toujours le chien en arrière s'il ne se couche pas de suite au moment où se lève une perdrix et dès que vous lui ordonnez : « couché ».

Servez-vous de la corde pour les premières chasses, tenez-la en main et imprimez-lui des secousses nettes au commandement et dès qu'une perdrix lève. Pour que votre chien ne soit pas craintif, ayez soin de toujours vous placer devant lui et non derrière lui pour le commander.

Un jeune chien doit toujours être exercé seul jusqu'au moment où il est devenu sûr.

Le chien, dressé par cette méthode, apprendra vite à considérer comme un signal et un commandement de se coucher le fait de voir lever la perdrix.

N'employez que peu le fouet, cela rend le chien craintif et inintelligent.

Ne vous attendez pas, si sensible soit-il, à voir le chien dressé avec une grande rapidité, la bête oublie vite et ce n'est que la répétition fréquente et patiente qui lui inculquera la méthode et toutes les habitudes que vous désirez lui voir acquérir.

Quand vous commandez « couché » au chien, ayez le soin d'accompagner l'ordre d'un geste : celui de lever la main en hauteur, par exemple.

Lorsque le chien en laisse ou en corde commet des fautes, ne prenez point la mauvaise habitude de marquer votre mécontentement et de passer votre mauvaise humeur en imprimant des secousses à la laisse ou à la corde; vous comprenez, tout naturellement, que cette manière de faire désorienterait votre élève, puisque la secoussé imprimée à l'attache doit simplement signifier : « couché ».

Ne faites pas coucher le chien avant que les perdrix prennent leur vol, vous le rendriez timide et incompréhensif.

Il faut toujours exercer ensemble des chiens du même âge, car les vieux chiens ont des manies et donneraient aux autres de mauvaises habitudes.

Quand plusieurs chiens sont exercés ensemble et qu'au signal « couché » certains n'obéissent pas, il faut à ceux-là donner une secousse au moyen de la corde, afin qu'ils apprennent que le premier chien couché doit être imité de tous les autres.

Bien dressé, le chien d'arrêt ou chien couchant devient immobile instinctivement dès qu'il sent près de lui la pièce de gibier que poursuit son maître.

Si le chasseur s'aperçoit, à quelques mouvements nerveux de son auxiliaire, que celui-ci est prêt à foncer sur la proie tenue en arrêt, il ne le brutalisera pas, mais conjurera doucement son impatience en lui disant : « Tout beau, tout beau ! » à mi-voix amicale.

Le chien parfait laisse faire son maître qui, en avançant, fait partir ou envoler le gibier arrêté.

*
* *

Les espèces les plus appréciées de chiens d'arrêt ou chiens couchants sont :

Le braque;
L'épagneul;
Le griffon;
Le blenheim;
Le choupille;
Le chien à double nez;
Et surtout *le pointer*, le gordon setter.

*
* *

On chasse en plaine, avec un ou deux chiens d'arrêt, la perdrix, le lièvre, le lapin.

Si entraîné que soit votre chien, n'omettez pas, un mois avant l'ouverture, de lui faire faire quelques répétitions d'entraînement afin qu'il se trouve fin prêt au moment voulu.

Les chiennes sont préférables aux chiens, car elles sont plus dociles, plus affectueuses, et partant plus sensibles et plus intelligentes.

Enfin, pour chasser en plaine, ne vous embarrassez pas d'un chien courant et préférez toujours le chien d'arrêt.

*
* *

Recommandation primordiale. — Il est très bien, pour un chasseur, de penser à soi, mais il ne faut pas être égoïste; ce compagnon, cet auxiliaire amical, qu'est le chien, a droit aussi à quelques soins, à quelques prévenances, avouez qu'il le mérite bien.

En bon compagnon, quand vous aurez l'intention

de chasser en terrain sec, n'omettez pas d'emporter un bidon d'eau pour votre chien.

Rappelez-vous que le chien qui a soif est négligent, nerveux et perd l'odorat.

*
* *

L'âge du dressage. — Le dressage du chien d'arrêt doit commencer de bonne heure, c'est-à-dire vers l'âge de 6 à 7 mois.

Il est indispensable d'avoir appris au chien à suivre et à obéir à la voix et au geste, à rapporter, à se coucher.

Ces menus exercices de débrouillage peuvent parfaitement se faire à la maison.

Ensuite on les renouvelle en plaine en promenant le chien et en l'obligeant à marcher à côté de son maître.

Il faut l'habituer aux détonations d'armes à feu, aux cris.

Quand toute cette éducation primaire a été bien et adroitement conduite, le dressage à l'arrêt est devenu on ne peut plus facile et plus rapide.

La condition principale consiste surtout à donner confiance à l'animal pour tirer de lui toutes ses qualités naturelles.

*
* *

La question du chien n'est pas à dédaigner, c'est un auxiliaire très important, au contraire ; car si bon fusil que l'on soit, sans chien il est impossible de chasser de manière vraiment intéressante.

La chasse au chien d'arrêt est la plus passionnante, car nous n'appelons pas chasse celle qui a lieu dans les endroits privés avec le gibier mis là tout exprès à portée de fusil et que l'on assassine sans les émotions du sport et de l'imprévu.

*
* *

Chiens courants.

La Chasse au bois. — Au bois, on chasse avec une meute de quatre ou six chiens minimum, dits chiens courants.

Le chien courant doit avoir le nez fin et être prudent, c'est-à-dire ne jamais donner de la voix sans raison. Il doit être actif et vigilant en même temps qu'obéissant et courageux.

Il doit avoir de la santé, rester toujours sur la trace, la chercher quand il l'égare, répondre à la voix de son maître ou à l'appel des trompes et ne pas craindre les fourrés.

Parmi les chiens courants français les plus appréciés sont :

Le chien de Gascogne pour le lièvre et le loup;

Le chien de Saintonge pour le lièvre, le chevreuil;

Le chien de Vendée pour le sanglier et le loup;

Le Griffon Vendéen pour la chasse au loup et au sanglier ;

Le chien du Haut-Poitou.

Les chiens courants anglais comptent :

Le Bloodhound, race intéressante, mais qui malheureusement se fait rare ;

Le Foxhound, surtout employé en France pour la chasse au sanglier ; c'est un chien rapide, mais à faible odorat ;

Le Harrier, employé pour la chasse au lièvre, est fort, vite, résistant, courageux ;

Le Beagle, pour le lièvre également, est rapide, allant, commode.

Les races anglaises et françaises croisées ont produit des chiens bâtards de grandes qualités alliant à la vitesse des chiens anglais l'excellent odorat du chien français.

Les meilleurs bâtards sont :

Le bâtard de Saintonge ;
Le bâtard du Poitou ;
Le bâtard de Vendée ;
Le bâtard Normand ;
Croisement de ces races pures avec le Foxhound.

Autre race excellente de chiens courants employée à la chasse à tir et aux terriers, pour le lapin et tous les petits gibiers à poils ras : le chien basset.

La chasse au basset se fait à pied ; elle est charmante et amusante.

*
* *

Comment nourrir les chiens courants. — L'été, le chien courant doit être mis au maigre avec des soupes aux herbes, des légumes, du petit lait.

L'hiver et à la saison de chasse, il sera en meilleur état possible et nourri à la viande de cheval et au riz cuit dans du bouillon de cheval bien préparé et bien soigné.

*
* *

Conseils à méditer. — Avant de conduire un chien au bois, il est prudent que son éducation en plaine soit complètement terminée et irréprochable.

L'œil du maître ne devra perdre aucun geste de l'élève.

La quête de l'animal sera exigée fort restreinte.

L'obéissance devra être absolue.

Un bon chien de plaine peut perdre toutes ses qualités au bois.

Ce n'est que lorsque le chasseur est tout à fait certain de son sujet qu'il lui permet le fourré ou le marais, car là peuvent se passer certains drames obscurs et impunis qui changent les plus solides vertus de ces serviteurs.

Les Accessoires de Chasse.

Le chasseur, pour attirer le gibier, a des moyens divers dont les principaux sont :

Les appeaux. — Ces appareils imitent à la perfection le cri de l'oiseau que l'on veut attirer.

Pour se servir utilement de l'appeau, il faut être familiarisé avec le cri de l'oiseau et s'exercer au préalable dans les terrains où il gîte.

Chaque oiseau possède un appeau correspondant que l'on trouve tout préparé dans le commerce avec la manière de s'en servir.

Les appelants. — Tous les oiseaux de même race sont, par un instinct naturel, portés à se réunir et à s'attirer. Mettant à profit cet instinct, le chasseur, pour attirer le gibier, l'appâte en quelque sorte par un faux-frère qu'il dispose dans un lieu propice. C'est ainsi qu'un pinson de bois ou de liège, qu'un étourneau en bois, seront postés dans un arbre, qu'une macreuse ou un canard de liège seront mis à flotter sur l'eau. Ces sortes de mannequins sont peints ou même empaillés et animés de mouvements.

Pour la chasse aux oiseaux de proie : buses, grands-ducs, ce moyen est excellent.

Les miroirs. — Pour attirer les alouettes, on se sert de dispositifs mécaniques animés et brillants, couverts de facettes miroitantes. Le mouvement de l'appareil effraye l'oiseau qui prend son vol et s'offre ainsi au chasseur.

Certains de ces miroirs ont une forme d'oiseau, d'épervier par exemple, et imitent le vol du rapace, ce qui fait « lever » le gibier.

Fusées crépitantes. — Pour faire sortir le lapin du terrier, on pose ces fusées qui crépitent et répandent une fumée si abondante que l'animal est obligé de chercher au dehors un refuge à la gêne qui le gagne et vient se livrer au fusil du chasseur.

Le block-terrier est un appareil, sorte d'entonnoir en fil de fer galvanisé, que l'on place devant le terrier. Un dispositif mécanique permet au lapin de sortir de son terrier, mais lorsqu'il veut rentrer, le mécanisme demeure rigide et le terrier est bouché. Le lapin n'a aucune chance de fuite.

Cet appareil est un accessoire de la chasse au furet, surtout lorsque l'on a affaire à des terriers dont l'étendue est très grande, ce qui arrive fort souvent.

Pour la chasse au lapin, on se sert aussi de ce que l'on appelle le carton.

Le carton est tout simplement un carré de carton noir d'un côté et blanc de l'autre ; on place le carton devant le terrier, côté blanc tourné à l'extérieur. Le lapin, que le carré blanc effraye, n'ose plus rentrer au terrier; le côté noir ne l'empêchant pas de sortir, il bouscule le carton, sort et ne peut plus rentrer.

La bourse est une sorte de filet qui se place à l'ouverture des terriers, les bouchant. Le lapin, ne les voyant pas, sort, s'élance; son élan pousse le filet qui se resserre et l'étrangle.

Certaines de ces bourses sont assez grandes pour enserrer le lapin tout entier et le capturer sans l'étrangler, mais seulement en l'enveloppant.

C'est surtout pour le lapin et les bêtes nuisibles que l'on emploie ces divers moyens de prise; le lapin, en effet, pullule de telle sorte qu'il finit par devenir l'ennemi des propriétés où il commet d'importants et incessants dégâts.

Le Furet.

Les Grecs et les Romains ont domestiqué le furet pour chasser le lapin. Aujourd'hui encore, on s'en sert pour cette chasse, surtout dans les garennes accidentées.

Pour avoir un bon furet, il faut le garantir du froid et le bien nourrir avec du pain, du jaune d'œufs, du lait, mais *jamais de viande*, afin de lui laisser mieux

flairer l'odeur du lapin qui le met en excitation hai-
neuse.

On peut, cependant, après ses succès de chasse, lui
octroyer le plaisir d'un peu de viande de son ennemi,
ce qui ne fera qu'accroître son désir de le détruire.

On élève le furet dans *une cage où l'on met de la
filasse*, matière très appréciée de l'animal et qui lui
sert à faire son lit et à dormir enfoncé et couvert.

Il faut prendre garde que le furet n'engraisse pas,
tout en lui donnant son content.

Pour l'employer à la chasse, *on le musèle et on lui
attache un grelot au cou*.

Le chasseur, ayant tendu des lacets au devant des
ouvertures du terrier, lâche son furet muselé dans le
terrier, le furet les découvre, les harcèle et les chasse
au devant des ouvertures.

Le furet *sera mis à la diète la veille de la chasse*, afin
de le rendre plus hardi et sauvage sur le lapin.

Si le furet n'était pas muselé, il égorgerait les
lapins, se saoulerait de leur sang et s'endormirait
dans le terrier d'où il serait impossible de le faire
sortir autrement qu'en tirant des coups de fusil ou en
l'enfumant.

La Chasse aux Canards.

Un truc adroit.

La chasse au canard sauvage à col vert est l'un des sports d'hiver les plus passionnants, par l'intérêt de la poursuite pleine de tactique et de ruse qu'il exige.

Toutefois, les adeptes de ce genre de chasse savent combien il devient de plus en plus difficile de s'approcher de ces volatiles qui détiennent pour ainsi dire le record de la perspicacité.

Aussi, pour tromper la méfiance de ces intelligents oiseaux, le chasseur ne recule devant aucune combinaison; la suivante est ingénieuse.

Le chasseur revêt un vêtement spécial qui lui donne l'aspect d'un amas de joncs.

Ce vêtement se compose d'un paletot fait avec des herbes de marais très longues, attachées à l'intérieur, et d'un capuchon, pareillement bâti, qui couvre la tête et les bras.

Ce vêtement imperméable permet au chasseur de rester à l'affût dans les marais, et, soigneusement dissimulé, de préparer en dilettante son coup de fusil.

Les canards, rassurés par cet amas de joncs, ne songent nullement à fuir.

Théories du bon Chasseur.

Le port du fusil. — La bouche des canons du fusil doit toujours être tenue en l'air, ou tournée vers le sol, mais jamais horizontalement.

Il ne faut charger le fusil qu'aux moments nécessaires, quand on va s'en servir.

Il faut le décharger dès que l'on n'est plus en action de chasse.

Bonnes manières de tenir le fusil au repos. — Le chasseur peut porter son fusil :

1° Sur l'épaule droite, les canons en l'air, obliquement ;

2° Sur l'épaule gauche, *idem* ;

3° Sous le bras, les canons dirigés vers le sol ;

4° Attaché à la bretelle, bretelle passée à l'épaule gauche ou droite, canons tout droits vers le ciel.

En place pour la chasse. — Le chasseur est en ligne au milieu, il peut, sans danger, tenir son arme à hauteur d'homme, les canons légèrement inclinés au sol. C'est la meilleure position pour la mise en joue rapide ; de plus, il n'y a aucun danger pour ses compagnons qui n'avancent pas plus vite que lui, et, en tous cas, restent de côté, parallèlement au sens du fusil.

Mauvaise manière de tenir le fusil. — 1° Sur l'épaule droite ou gauche, les canons dirigés vers l'horizon ;

2° De côté et horizontalement. Cette manière peut envoyer la charge dans le corps de n'importe quel camarade ou rabatteur au moindre faux mouvement ;

3° Le fusil tenu en main, tout droit, mais en avant de soi. De cette manière, le chasseur peut s'envoyer la charge dans le visage, sous le menton et se faire sauter la tête ;

4° Ne posez pas votre fusil chargé entre vos genoux, sur vos genoux, contre un arbre ou une haie : un faux mouvement, un heurt, un chien qui passe, le vent même, suffirait à déplacer l'arme et à faire partir la charge à l'aveuglette vers une victime.

Le Maniement du Fusil.

Comment charger et refermer. — Quand on referme son arme, il faut ramener la crosse de bas en haut, sur les canons maintenus en l'air, dans la direction du ciel, ou en bas, dans la direction du sol.

On ne doit jamais relever le canon sur la crosse

maintenue immobile et horizontale, car si le coup
partait pendant la fermeture des canons, on pourrait
tuer ou blesser ses voisins.

Comment épauler. — 1° *Les bonnes façons* : position normale.

Se mettre en parfait aplomb sur le pied gauche
porté en avant, la jambe droite tenue en arrière, sans
raideur.

Le poids du buste, légèrement incliné, doit reposer
sur la jambe gauche.

Épauler rapidement, en plaçant bien solidement et
franchement la plaque de couche de l'arme au creux
de l'épaule droite.

Le fusil sera tenu fermement et sans raideur, avec
souplesse. La main droite posée à la poignée du
pontet, afin de placer rapidement le doigt sur la
détente au moment exact du tiré.

La main gauche est appuyée sur le canon aussi
loin que possible sans toutefois amener aucune gêne.

Le fusil bien en place et nettement supporté se
présente horizontalement. Il peut, avec la plus
grande aisance et la plus grande souplesse, être
braqué dans toutes les directions.

La main peut aussi être ramenée en avant du pontet en pliant l'avant-bras. Cette autre position protège
la main en cas de rupture des canons, mais ne permet
pas la même souplesse et la même aisance dans le
guidé de l'arme ; le tir peut avoir lieu trop bas, le
canon étant appelé à « piquer du nez ».

2° *Les mauvaises façons :* On épaule mal si on n'a

pas eu la précaution de prendre nettement et solidement le point d'appui du corps et surtout du buste.

Si on pose la crosse trop haute, l'épaule fatigue, s'engourdit, se blesse, est inapte à bien supporter l'arme et à guider le tir.

N'empoignez jamais vos canons à pleines mains si vous ne voulez pas courir le risque de vous faire enlever les doigts en cas de rupture des canons !

N'inclinez pas trop la tête si vous ne voulez pas être giflé et blessé en cas de recul !

Comment viser. — Beaucoup de chasseurs visent un œil fermé. Cette manière, qui paraît instinctive, est mauvaise. Le chasseur, en se privant d'un œil, diminue de 5o °/₀ sa force et son pouvoir visuel ; il cause ainsi un ralentissement sensible dans sa manœuvre. Il peut être un fusil exact mais jamais un fusil vite.

Nous conseillons donc comme *truc infaillible et excellent*, de *viser* en ayant les *deux yeux bien ouverts*.

La visualité est complète : le chasseur aperçoit l'horizon, le terrain, le gibier et apprécie mieux la distance, la rapidité. Par cette manière il est plus rapide et bonifie de 5o °/₀ son tir.

Cette habitude de viser les yeux grands ouverts est difficile au début, mais devient rapidement une chose familière et bienfaisante.

Les Trucs du bon Tireur.

I. — Conseils pour le gibier à plumes.

1° L'oiseau vole horizontalement devant le chasseur qui n'apprécie point la distance ;

L'oiseau se trouve à hauteur de la ceinture : il faut alors viser légèrement dans la même ligne que la ceinture et un peu au-dessus ;

L'oiseau se trouve à hauteur du visage : il faut viser à la même hauteur que le visage et en plein, franchement ;

L'oiseau se trouve au-dessus du visage : il faut viser au-dessous.

*
* *

2° L'oiseau vole devant le chasseur au-dessous de l'horizon ;

L'oiseau passe en rasant le sol ou les couverts : il faut viser au-dessus, en avant, à un mètre environ, après avoir approximativement apprécié la distance ;

Cette distance indiquée d'un mètre est variable avec la vitesse du vol auquel passe l'oiseau.

*
* *

3° L'oiseau passe devant le chasseur au-dessus de l'horizon ;

Il faut viser au-dessous et en avant, en tenant compte de la rapidité du vol et de la direction du vent, et en suivant avec attention et régularité la pièce des yeux et du canon pris au-dessous ;

Si la pièce s'élève rapidement en piquant le ciel — chandelle — il faut relever vivement le fusil et tirer au-dessus et en avant sans trop chercher à bien voir l'oiseau, ce souci est nuisible et inutile.

* *

4° L'oiseau passe au-dessus du chasseur et vole droit devant lui en s'élevant et en s'abaissant ;

L'oiseau s'élève : il faut tirer en avant et au-dessus ;

L'oiseau s'abaisse : il faut tirer en avant et au-dessous ;

Le canon du fusil cache l'oiseau, dans cette dernière position, aussi le coup est-il assez difficile. Il ne faut surtout pas chercher à voir l'oiseau, c'est une peine inutile.

* *

5° L'oiseau arrive droit sur le chasseur en s'abaissant :

Tirer en avant et au-dessous, pas trop haut.

* *

6° L'oiseau arrive droit sur le chasseur en s'élevant :

Il faut tirer en avant et au-dessus.

•

7° L'oiseau traverse devant le chasseur ;
De droite à gauche ou de gauche à droite :
Il faut tirer en avant à une distance proportionnée
à la vitesse du vol ;
Si l'oiseau est loin, il faut tirer simplement au-des-
sus pour compenser la courbe de la trajectoire.

•

8° L'oiseau domine le chasseur ;
Il file perpendiculairement au flanc d'un bois ou
d'une colline :
Il faut le viser en avant et au-dessus ;
Il file parallèlement :
Il faut le viser en avant et au-dessous ;

•

9° Le coup du roi :
Ce coup n'est possible que lorsque l'oiseau passe
au-dessus du chasseur ;
Il faut alors tenir le fusil en chandelle, la plaque de
couche sur l'épaule, les canons vers le ciel ;
Le chasseur se penchera en arrière, portant le poids
du corps sur la jambe droite ;
Viser environ à un mètre en avant de l'oiseau.

II. — Conseils pour le gibier à poils.

1° L'animal court tout droit devant lui en fuyant le chasseur :

Il faut alors tirer en avant, et légèrement au-dessus du gibier, de façon à ce que la charge atteigne nettement la tête ;

Un gibier touché seulement au dos ou bien au cou peut parfaitement n'être que blessé et fuir.

*
* *

2° L'animal courant vient sur le chasseur :

Il faut tirer en avant et par conséquent au-dessous ;

En général, ce premier coup ne fait que blesser l'animal ; il est très rarement mortel, quand il porte même, mais la crainte ou la souffrance le surprend et le fait hésiter. Le chasseur profite de cette passagère angoisse pour tirer à nouveau, dans les mêmes formules. Le second coup achève.

*
* *

3° L'animal traverse devant le chasseur :

Il faut tirer en avant. L'animal arrive sur la gerbe et la reçoit alors en plein flanc.

*
* *

4° L'animal arrive obliquement sur le chasseur :
Il faut tirer en avant et légèrement au-dessous.

*
* *

Conseils d'un vieux rabatteur. — Vers le
milieu de la matinée, les chasseurs ont intérêt à se
porter à la lisière des bois ou près des boqueteaux ou
des haies touffues; fuyant les premières ardeurs du
soleil, le gibier cherche prudemment l'ombre fraîche
et s'y blottit.

*
* *

L'après-midi, si vous tirez une perdrix sans la toucher, marquez l'endroit où elle s'est posée. En allant
directement dessus, vous la ferez lever à cet endroit
même.

*
* *

Avec des plombs 8 et 6 vous ne serez jamais embar-
rassés ni bredouille dans la chasse en plaine.

Les Gibiers de Choix.

Le Cerf n'est mangeable et vraiment succulent que lorsque l'animal est jeune et gras.

La Biche a une chair plutôt fade et sans saveur.

Le Chevreuil est savoureux, mais a besoin d'une bonne marinade pour présenter des qualités réellement gastronomiques.

Le Marcassin a une chair ferme et très savoureuse.

Le Sanglier, pour être mangé, a besoin d'être longuement mariné aux épices variés.

Le Lièvre de montagne, à cause des herbages qui servent à sa nourriture et sont très parfumés, est plus savoureux que le lièvre de plaine.

Les Grives sont surtout excellentes à l'automne parce qu'elles se nourrissent alors de baies de genièvre et de fruits du sorbier.

_____

Époques du Gibier à Plumes.

Le Vanneau arrive en France au commencement du printemps.

La Macreuse se tient de préférence, à la belle saison, dans les étangs salés du Midi.

Les Canards sauvages passent à l'automne et reviennent à nos climats vers février.

Le Râle d'eau erre, solitaire, le long des cours d'eau à l'automne.

***

Ce que le bon Tireur ne fait pas à la Chasse d'arrêt.

Le chien d'arrêt a un rôle auxiliaire qui est celui de trouver le gibier, de l'arrêter pour donner au chasseur le temps de le joindre et de le tirer.

Le chien s'arrête sur le gibier qui, lui, s'arrête devant lui sans esquisser le moindre mouvement.

Le maître, prévenu, s'approche, fait partir le gibier et le tire. Quelquefois, même, il ne le fait pas partir mais le tire simplement à terre, ce que l'on appelle au gîte ou au posé.

Cette manière, d'ailleurs, n'appartient pas au bon tireur.

Le bon chien d'arrêt ne doit pas bouger, même lorsqu'il a le gibier en vue, et quel que soit le temps plus ou moins long que mette son maître à le rejoindre.

Ce dernier ne doit pas hâter le pas afin de ne point exciter son chien.

Le chasseur stylé ne laisse pas son chien courir

après le gibier, celui-ci est alors gêné et ne lève pas facilement.

Si le gibier est tué, le chien doit être dressé à l'aller chercher et à le rapporter à son maître.

Le chasseur qui manque son gibier donne à son chien, instinctivement, la mauvaise habitude de « bourrer », ce qui est une faute gênante.

Le Code de Chasse.

Le gibier. — Le gibier comprend tous les animaux sauvages vivant dans un état de liberté naturelle. Il n'appartient à personne, pas même au propriétaire des endroits sur lesquels on le trouve. Il est est la propriété de celui qui s'en empare après l'avoir tué ou blessé.

Le tiers qui prend un gibier mortellement atteint par le chasseur se rend coupable d'un vol, à moins que le chasseur n'ait perdu ou abandonné lui-même son gibier.

La chasse. — Est considérée chasse, l'action de chercher, suivre, atteindre du gibier, dans l'intention de le prendre mort ou vif.

Est chasseur tout individu armé d'un fusil et accompagné ou non d'un chien, ou non armé et accompagné d'un chien qu'il excite de la voix et du geste à la quête du gibier.

La poursuite du gibier par le chien n'est considérée comme chasse qu'autant que le maître s'y est associé ou l'a laissé agir sans le réprimer.

La prise de possession des œufs et couvées de faisans, perdrix, cailles, est punie si elle a eu lieu sur terrain privé.

Le droit de chasse. — On ne peut point chasser sans être muni d'un permis. Seul le propriétaire, possesseur d'un terrain giboyeux fermé, peut chasser à sa guise.

Peuvent obtenir un permis de chasse : Les mineurs de plus de seize ans si la demande en est faite par leur père, mère, tuteur, curateur, contribuable ; -

Les femmes mariées et autorisées de leur mari.

Le permis de chasse sera refusé à tout individu majeur non contribuable ou à tout mineur pour qui le demandeur n'est pas contribuable.

N'ont pas droit au permis les interdits, les gardes-pêche, les gardes-chasse, les gardes champêtres, les forestiers de l'État, des communes et des établissements publics.

Pour obtenir un permis, il faut :

Faire une demande sur feuille de papier timbré avec signature légalisée et avis motivé approuvé par le maire ou le commissaire de police selon que l'on est d'une ville ou d'une commune ;

Verser une somme fixe entre les mains du percep-
eur des contributions ;

Envoyer au sous-préfet ou au préfet de police le
apier timbré en règle et le reçu du percepteur.

Tout permis est rigoureusement personnel et valable
in an depuis le jour de sa délivrance jusqu'au jour
orrespondant anniversaire de cette délivrance.

A quelle époque on chasse. — On ne peut
hasser que pendant le jour.

Les dates d'ouverture et de clôture de la chasse sont
léterminées dans chaque département par des arrêtés
oréfectoraux publiés par voie d'affiches dix jours à
'avance.

On ne doit pas chasser quand la neige couvre la terre.

Pourtant, on autorise par permissions spéciales :

La chasse aux oiseaux de passage ;

La chasse aux animaux malfaisants ou nuisibles ;

La chasse aux bêtes fauves.

Il appartient aux préfets de déterminer les temps
pendant lesquels les droits de destruction peuvent être
exercés, ainsi que les modes de destruction et les
engins à y employer.

La chasse aux petits oiseaux insectivores est formellement interdite.

Leur capture aux pièges et les dénichages sont
également pénalisés.

En quels endroits on peut chasser. — Nul n'a
le droit de chasser chez autrui sans la permission du
propriétaire de l'endroit.

Il n'est pas permis de rechercher, de poursuivre et d'atteindre le gibier sur la propriété d'autrui.

La quête encouragée et la poursuite des chiens est le même délit que celui-là même du chasseur.

Si le gibier mortellement blessé hors de la propriété d'autrui se réfugie en cette propriété, il n'y a pas délit pour le chasseur à l'y aller chercher, sauf s'il y a dommage causé par le fait de cette recherche.

Le propriétaire qui a su et vu chasser sur ses terres et n'a rien dit durant un temps, ne peut, sans prévenir le chasseur, lui faire dresser procès-verbal.

La chasse sur les routes et chemins d'une propriété privée est un délit.

Les routes, chemins, propriétés de l'État, sont accessibles aux chasseurs.

Si les routes, chemins, propriétés publiques bordent des propriétés privées, le chasseur peut sans délit chasser sur ces routes, chemins, propriétés, mais sous réserve de ne pas rechercher, poursuivre ou atteindre le gibier dans ces propriétés à moins de complaisances tacites des riverains.

Quelles chasses sont autorisées. — La chasse à tir ;

La chasse au chien d'arrêt ou couchant ;

La chasse au chien courant, en battue, à l'affût ;

La chasse à courre, à cor ou à cri, sont les seuls genres de chasses autorisées.

La chasse au chien lévrier est prohibée, sauf s'il s'agit de la destruction demandée d'animaux malfaisants.

Les pièges, appeaux, drogues et appâts sont formellement interdits.

La détention même de certains engins : gluaux, trébuchets, panneaux, collets, raquettes, sauterelles, lacs, filets, pour oiseaux et lapins constitue un délit.

Les miroirs, banderolles, trappes à bascule, sont autorisés.

Les préfets peuvent autoriser également pour les gibiers de passage et les animaux nuisibles des modes de prise et de destruction prohibés pour la chasse ordinaire.

Délits de chasse et peines correspondantes. — Les délits de chasse sont justiciables des tribunaux correctionnels et punis d'amendes en nature et de jours ou d'années de prison, selon la gravité des cas.

Si le délinquant est en état de récidive, la peine peut être doublée.

Si le chasseur est sous un faux nom, s'il a usé de représailles vis-à-vis du propriétaire d'un champ, s'il a chassé parmi les récoltes, la peine primitive appliquée au délit est également doublée.

Les peines entraînent la confiscation du permis, des instruments ou engins de chasse.

Les délinquants ont trois mois de recours à dater du jour du délit.

Tenue du Fusil.

En chasse, un accident est toujours à craindre, aussi, évitez de tenir le fusil de façon dangereuse.

Portez le fusil sous le bras droit, canon à terre, devant vous ou bien encore appuyé à l'épaule, canon en l'air.

Quand vous ne chassez plus, quand vous faites halte ou prenez vos repas, déchargez votre fusil.

Prenez encore cette habitude quand vous avez des gestes violents à accomplir : grimper un talus escarpé, escalader un mur, une haie, sauter un fossé.

Vous ne regretterez jamais la peine que vous aurez prise lorsque vous vous apercevrez de tous les malheurs que vous aurez évités.

Les accidents de chasse sont presque toujours imputables aux imprudences et à la nonchalance du chasseur lui-même qui peut, d'ailleurs, en être la première victime.

Prenez encore et surtout le soin de ne jamais rentrer de chasse sans avoir déchargé votre fusil. Songez à tous les drames que cet oubli peut causer !

Lois sur les Dégâts du Gibier.

La convention internationale pour la protection des oiseaux utiles à l'agriculture est fixée par une loi internationale englobant dans ses décrets : la Belgique, l'Allemagne, l'Autriche, la Hongrie, la Suède, le Luxembourg, l'Espagne, le Portugal, la Grèce ; sauf l'Italie...

Cette loi, en date du 19 avril 1901 ; la convention, en date de mars 1902, ont fixé une liste d'oiseaux utiles qu'il est interdit de détruire.

Cette liste, établie délibérément, prévoit même que quelques espèces prolifiques, devenant nuisibles par cet excès même, pourraient être attaquées, mais seulement au fusil.

Il est bon que le chasseur connaisse les oiseaux qu'il lui est permis de chasser et ceux dont le tir lui attirerait des ennuis avec la loi.

OISEAUX NUISIBLES

Rapaces de jour :

Éperviers, buses, busards, autours, faucons, ger-
faults, pèlerins, émerillons, milans, nauclers, pla-
nions, balbuzards de fleuve, aigles, gypaètes.

Rapaces de nuit :

Grand-duc.

Échassiers :

Hérons, butors, bihoreaux.

Passereaux ordinaires :

Corbeau, pie, geai.

Palmipèdes :

Pélicans, cormorans, harles, plongeons.

OISEAUX UTILES

Dont la destruction interdite peut entraîner des
pénalités pour le chasseur passant outre.

Rapaces de nuit :

Chevêches et chevechettes, chouettes, hulottes,
effraies, hiboux, scop ou petit-duc.

Échassiers :

Cigognes blanches et noires.

Grimpeurs :

Toutes les espèces de pies.

Syndactyles :

Guépiers, rolliers.

Passereaux :

Huppes, grimpereaux, martinets, engoulevents, ros-
signols, gorges-bleues, rouges-queues, rouges-gorges,
haquets, toutes les espèces de fauvettes, pouillots, roi-
telets, mésanges, gobes-mouches, hirondelles, lavan-
dières et bergeronnettes, venturons, serins, tarins,
étourneaux, martins.

Autorisations en temps de chasse fermée.

La chasse des oiseaux de proie et de rapine qui,
pendant le temps où la chasse est prohibée, causent de
grands dommages au gibier et à la volaille des
fermes, peut être autorisée sur demande spéciale et
motivée adressée au sous-préfet de l'arrondissement.

Ces oiseaux se chassent au moyen du fusil à l'aide
de la hutte au grand-duc, manière de chasse à « l'ap-
pelant » pratiquée maintenant dans maintes contrées
de la France.

*
* *

Une demande identiquement spéciale et motivée
pour la chasse aux lapins pullulant dans certaines
propriétés pendant la fermeture peut être adressée
et autorisée même en temps de neige, au fusil et aux
bourses, au carton, au cornet, au chien courant, au
furet, le lapin, par ses tendances prolifiques, étant
considéré comme animal nuisible.

*
* *

On autorise aussi la chasse au sanglier, au renard,
au loup, en battue, au chien courant, de la même
manière.

Formule générale de demande
de permis de chasse.

Lieu et date...

Monsieur le Préfet (ou Sous-Préfet),
J'ai l'honneur de solliciter la délivrance d'un permis de chasse pour l'année...

Je joins à cette demande mon signalement et la quittance du percepteur.

Veuillez agréer, Monsieur le Préfet, l'assurance de mes sentiments respectueux.

Signature.

Calendrier du Chasseur.

Les gros gibiers : *renards, cerfs, sangliers,* se chassent durant *toute l'année* sur les propriétés privées enfermées de murs les isolant des autres propriétés voisines.

Les *canards de marais* se chassent en août, septembre, octobre, novembre, décembre, janvier, février, mars.

Le lièvre, la caille, la perdrix, se chassent de septembre à janvier.

Le chevreuil se chasse de septembre à janvier.

La bécasse, le lapin, le faisan, se chassent de septembre à février non inclus.

Les bons chasseurs aimeraient qu'un édit fixe de chasse limitât le droit de septembre à fin janvier pour tous les gibiers aussi bien sédentaires que de passage, afin de laisser le gibier se coupler et se multiplier à la bonne époque en toute tranquillité.

La chasse à courre seule ferme fin avril.

TABLE

TABLE

IMPRIMERIE ORLÉANAISE. — ORLÉANS (FRANCE)

LA CHASSE

Par P.-L. de MORIENCOURT   **2** francs

LA CHASSE

Par NEMROD   **1** fr. **50**

LA CHASSE POUR TOUS

Par Pierre LENGLÉ   **2** fr. **50**

LE TIR

Par G. de VAURESMONT   **2** francs

POUR ÊTRE BON TIREUR

Par P. LELONG   **0** fr. **50**

En vente chez tous les Libraires
et contre mandat ou timbres-poste
aux
ÉDITIONS NILSSON
144, Avenue des Champs-Élysées, PARIS
Port : 10 o/o en plus

www.ingramcontent.com/pod-product-compliance
Lightning Source LLC
LaVergne TN
LVHW022130080426
835511LV00007B/1102